한문
법화경 사경 4

은주사

묘법연화경 제一권	제1 서품	9
	제2 방편품	53

묘법연화경 제二권	제3 비유품	5
	제4 신해품	77

묘법연화경 제三권	제5 약초유품	5
	제6 수기품	24
	제7 화성유품	44

묘법연화경 제四권	제8 오백제자수기품	5
	제9 수학무학인기품	28
	제10 법사품	41
	제11 견보탑품	62
	제12 제바달다품	90
	제13 권지품	107

묘법연화경 제五권	제14 안락행품	5
	제15 종지용출품	40
	제16 여래수량품	68
	제17 분별공덕품	88

묘법연화경 제六권	제18 수희공덕품	5
	제19 법사공덕품	18
	제20 상불경보살품	49
	제21 여래신력품	65
	제22 촉루품	76
	제23 약왕보살본사품	81

묘법연화경 제七권	제24 묘음보살품	5
	제25 관세음보살보문품	25
	제26 다라니품	46
	제27 묘장엄왕본사품	59
	제28 보현보살권발품	76

사경 시작한 날 : 불기   년   월   일

_____ 두손 모음

妙法蓮華經 卷第四

五百弟子受記品 第八
오 백 제 자 수 기 품 제 팔

爾時 富樓那彌多羅尼子 從
이 시 부 루 나 미 다 라 니 자 종

佛聞是 智慧方便 隨宜說法
불 문 시 지 혜 방 편 수 의 설 법

又聞授諸大弟子 阿耨多羅
우 문 수 제 대 제 자 아 녹 다 라

三藐三菩提記 復聞宿世 因
삼 먁 삼 보 리 기 부 문 숙 세 인

緣之事 復聞諸佛 有大自在
연 지 사 부 문 제 불 유 대 자 재

神通之力 得未曾有 心淨踊
신 통 지 력 득 미 증 유 심 정 용

躍 即從座起 到於佛前 頭
약 즉 종 좌 기 도 어 불 전 두

面禮足 却住一面 瞻仰尊
면 예 족　각 주 일 면　첨 앙 존

顔 目不暫捨 而作是念 世
안　목 부 잠 사　이 작 시 념　세

尊甚奇特 所爲希有 隨順
존 심 기 특　소 위 희 유　수 순

世間 若干種性 以方便知
세 간　약 간 종 성　이 방 편 지

見 而爲說法 拔出衆生 處
견　이 위 설 법　발 출 중 생　처

處貪著 我等 於佛功德 言
처 탐 착　아 등　어 불 공 덕　언

不能宣 唯佛世尊 能知我等
불 능 선　유 불 세 존　능 지 아 등

深心本願 爾時 佛告諸比
심 심 본 원　이 시　불 고 제 비

丘 汝等見是富樓那 彌多羅
구　여 등 견 시 부 루 나　미 다 라

尼子不 我常稱其 於說法人
니 자 부　아 상 칭 기　어 설 법 인

中　最爲第一　亦常歎其　種
중　최위제일　역상탄기　종

種功德　精勤護持　助宣我法
종공덕　정근호지　조선아법

能於四衆　示敎利喜　具足解
능어사중　시교리희　구족해

釋　佛之正法　而大饒益　同
석　불지정법　이대요익　동

梵行者　自捨如來　無能盡其
범행자　자사여래　무능진기

言論之辯　汝等勿謂　富樓那
언론지변　여등물위　부루나

但能護持　助宣我法　亦於過
단능호지　조선아법　역어과

去　九十億諸佛所　護持助宣
거　구십억제불소　호지조선

佛之正法　於彼說法人中　亦
불지정법　어피설법인중　역

最第一　又於諸佛　所說空法
최제일　우어제불　소설공법

제8 오백제자수기품 7

明了通達 得四無礙智 常能
명 료 통 달　득 사 무 애 지　상 능

審諦 淸淨說法 無有疑惑
심 제　청 정 설 법　무 유 의 혹

具足菩薩 神通之力 隨其壽
구 족 보 살　신 통 지 력　수 기 수

命 常修梵行 彼佛世人 咸
명　상 수 범 행　피 불 세 인　함

皆謂之 實是聲聞 而富樓那
개 위 지　실 시 성 문　이 부 루 나

以斯方便 饒益無量 百千衆
이 사 방 편　요 익 무 량　백 천 중

生 又化無量 阿僧祇人 令
생　우 화 무 량　아 승 기 인　영

立阿耨多羅三藐三菩提 爲
립 아 뇩 다 라 삼 먁 삼 보 리　위

淨佛土故 常作佛事 敎化衆
정 불 토 고　상 작 불 사　교 화 중

生 諸比丘 富樓那 亦於七
생　제 비 구　부 루 나　역 어 칠

佛 說法人中 而得第一 今
불 설법인중 이득제일 금

於我所 說法人中 亦爲第一
어아소 설법인중 역위제일

於賢劫中 當來諸佛 說法人
어현겁중 당래제불 설법인

中 亦復第一 而皆護持 助
중 역부제일 이개호지 조

宣佛法 亦於未來 護持助宣
선불법 역어미래 호지조선

無量無邊 諸佛之法 敎化饒
무량무변 제불지법 교화요

益 無量衆生 令立阿耨多羅
익 무량중생 영립아뇩다라

三藐三菩提 爲淨佛土故 常
삼막삼보리 위정불토고 상

勤精進 敎化衆生 漸漸具
근정진 교화중생 점점구

足 菩薩之道 過無量阿僧祇
족 보살지도 과무량아승기

劫 當於此土 得阿耨多羅三
겁 당어차토 득아뇩다라삼

藐三菩提 號曰法明如來 應
먁삼보리 호왈법명여래 응

供 正遍知 明行足 善逝 世
공 정변지 명행족 선서 세

間解 無上士 調御丈夫 天
간해 무상사 조어장부 천

人師 佛世尊 其佛 以恒河
인사 불세존 기불 이항하

沙等 三千大千世界 爲一佛
사등 삼천대천세계 위일불

土 七寶爲地 地平如掌 無
토 칠보위지 지평여장 무

有山陵 谿澗溝壑 七寶臺觀
유산릉 계간구학 칠보대관

充滿其中 諸天宮殿 近處虛
충만기중 제천궁전 근처허

空 人天交接 兩得相見 無
공 인천교접 양득상견 무

諸惡道 亦無女人 一切衆生
제 악 도　역 무 여 인　일 체 중 생

皆以化生 無有婬欲 得大神
개 이 화 생　무 유 음 욕　득 대 신

通 身出光明 飛行自在 志
통　신 출 광 명　비 행 자 재　지

念堅固 精進智慧 普皆金色
념 견 고　정 진 지 혜　보 개 금 색

三十二相 而自莊嚴 其國衆
삼 십 이 상　이 자 장 엄　기 국 중

生 常以二食 一者 法喜食
생　상 이 이 식　일 자　법 희 식

二者 禪悅食 有無量阿僧祇
이 자　선 열 식　유 무 량 아 승 기

千萬億那由他 諸菩薩衆 得
천 만 억 나 유 타　제 보 살 중　득

大神通 四無礙智 善能教化
대 신 통　사 무 애 지　선 능 교 화

衆生之類 其聲聞衆 算數校
중 생 지 류　기 성 문 중　산 수 교

計 所不能知 皆得具足 六
계 소 불 능 지 개 득 구 족 육

通三明 及八解脫 其佛國土
통 삼 명 급 팔 해 탈 기 불 국 토

有如是等 無量功德 莊嚴成
유 여 시 등 무 량 공 덕 장 엄 성

就 劫名寶明 國名善淨 其
취 겁 명 보 명 국 명 선 정 기

佛壽命 無量阿僧祇劫 法住
불 수 명 무 량 아 승 기 겁 법 주

甚久 佛滅度後 起七寶塔
심 구 불 멸 도 후 기 칠 보 탑

遍滿其國 爾時 世尊 欲重
변 만 기 국 이 시 세 존 욕 중

宣此義 而說偈言
선 차 의 이 설 게 언

諸比丘諦聽 佛子所行道
제 비 구 제 청 불 자 소 행 도

善學方便故 不可得思議
선 학 방 편 고 불 가 득 사 의

知衆樂小法　而畏於大智
지 중 락 소 법　이 외 어 대 지

是故諸菩薩　作聲聞緣覺
시 고 제 보 살　작 성 문 연 각

以無數方便　化諸衆生類
이 무 수 방 편　화 제 중 생 류

自說是聲聞　去佛道甚遠
자 설 시 성 문　거 불 도 심 원

度脫無量衆　皆悉得成就
도 탈 무 량 중　개 실 득 성 취

雖小欲懈怠　漸當令作佛
수 소 욕 해 태　점 당 령 작 불

內秘菩薩行　外現是聲聞
내 비 보 살 행　외 현 시 성 문

少欲厭生死　實自淨佛土
소 욕 염 생 사　실 자 정 불 토

示衆有三毒　又現邪見相
시 중 유 삼 독　우 현 사 견 상

我弟子如是　方便度衆生
아 제 자 여 시　방 편 도 중 생

若我具足說 種種現化事
약 아 구 족 설 종 종 현 화 사

衆生聞是者 心則懷疑惑
중 생 문 시 자 심 즉 회 의 혹

今此富樓那 於昔千億佛
금 차 부 루 나 어 석 천 억 불

勤修所行道 宣護諸佛法
근 수 소 행 도 선 호 제 불 법

爲求無上慧 而於諸佛所
위 구 무 상 혜 이 어 제 불 소

現居弟子上 多聞有智慧
현 거 제 자 상 다 문 유 지 혜

所說無所畏 能令衆歡喜
소 설 무 소 외 능 령 중 환 희

未曾有疲惓 而以助佛事
미 증 유 피 권 이 이 조 불 사

已度大神通 具四無礙智
이 도 대 신 통 구 사 무 애 지

知諸根利鈍 常說淸淨法
지 제 근 이 둔 상 설 청 정 법

演暢如是義 敎諸千億衆
연 창 여 시 의　교 제 천 억 중

令住大乘法 而自淨佛土
영 주 대 승 법　이 자 정 불 토

未來亦供養 無量無數佛
미 래 역 공 양　무 량 무 수 불

護助宣正法 亦自淨佛土
호 조 선 정 법　역 자 정 불 토

常以諸方便 說法無所畏
상 이 제 방 편　설 법 무 소 외

度不可計衆 成就一切智
도 불 가 계 중　성 취 일 체 지

供養諸如來 護持法寶藏
공 양 제 여 래　호 지 법 보 장

其後得成佛 號名曰法明
기 후 득 성 불　호 명 왈 법 명

其國名善淨 七寶所合成
기 국 명 선 정　칠 보 소 합 성

劫名爲寶明 菩薩衆甚多
겁 명 위 보 명　보 살 중 심 다

其數無量億　皆度大神通
기 수 무 량 억　개 도 대 신 통

威德力具足　充滿其國土
위 덕 력 구 족　충 만 기 국 토

聲聞亦無數　三明八解脫
성 문 역 무 수　삼 명 팔 해 탈

得四無礙智　以是等爲僧
득 사 무 애 지　이 시 등 위 승

其國諸衆生　婬欲皆已斷
기 국 제 중 생　음 욕 개 이 단

純一變化生　具相莊嚴身
순 일 변 화 생　구 상 장 엄 신

法喜禪悅食　更無餘食想
법 희 선 열 식　갱 무 여 식 상

無有諸女人　亦無諸惡道
무 유 제 여 인　역 무 제 악 도

富樓那比丘　功德悉成滿
부 루 나 비 구　공 덕 실 성 만

當得斯淨土　賢聖衆甚多
당 득 사 정 토　현 성 중 심 다

如是無量事 我今但略說
여시무량사 아금단약설

爾時 千二百阿羅漢 心自在
이시 천이백아라한 심자재

者 作是念 我等歡喜 得未
자 작시념 아등환희 득미

曾有 若世尊 各見授記 如
증유 약세존 각견수기 여

餘大弟子者 不亦快乎 佛知
여대제자자 불역쾌호 불지

此等 心之所念 告摩訶迦葉
차등 심지소념 고마하가섭

是千二百阿羅漢 我今當現
시 천이백아라한 아금당현

前 次第與授 阿耨多羅三藐
전 차제여수 아뇩다라삼먁

三菩提記 於此衆中 我大弟
삼보리기 어차중중 아대제

子 憍陳如比丘 當供養 六
자 교진여비구 당공양 육

萬二千億佛 然後 得成爲佛
만 이 천 억 불 연 후 득 성 위 불

號曰普明如來 應供 正遍
호 왈 보 명 여 래 응 공 정 변

知 明行足 善逝 世間解 無
지 명 행 족 선 서 세 간 해 무

上士 調御丈夫 天人師 佛
상 사 조 어 장 부 천 인 사 불

世尊 其五百阿羅漢 優樓頻
세 존 기 오 백 아 라 한 우 루 빈

螺迦葉 伽耶迦葉 那提迦葉
나 가 섭 가 야 가 섭 나 제 가 섭

迦留陀夷 優陀夷 阿㝹樓馱
가 류 타 이 우 타 이 아 누 루 타

離婆多 劫賓那 薄拘羅 周
이 바 다 겁 빈 나 박 구 라 주

陀 莎伽陀等 皆當得 阿耨
타 사 가 타 등 개 당 득 아 뇩

多羅三藐三菩提 盡同一號
다 라 삼 먁 삼 보 리 진 동 일 호

名曰普明 爾時 世尊 欲重
명 왈 보 명　이 시　세 존　욕 중

宣此義 而說偈言
선 차 의　이 설 게 언

憍陳如比丘 當見無量佛
교 진 여 비 구　당 견 무 량 불

過阿僧祇劫 乃成等正覺
과 아 승 기 겁　내 성 등 정 각

常放大光明 具足諸神通
상 방 대 광 명　구 족 제 신 통

名聞遍十方 一切之所敬
명 문 변 시 방　일 체 지 소 경

常說無上道 故號爲普明
상 설 무 상 도　고 호 위 보 명

其國土淸淨 菩薩皆勇猛
기 국 토 청 정　보 살 개 용 맹

咸昇妙樓閣 遊諸十方國
함 승 묘 루 각　유 제 시 방 국

以無上供具 奉獻於諸佛
이 무 상 공 구　봉 헌 어 제 불

作是供養已 心懷大歡喜
작 시 공 양 이　심 회 대 환 희

須臾還本國 有如是神力
수 유 환 본 국　유 여 시 신 력

佛壽六萬劫 正法住倍壽
불 수 육 만 겁　정 법 주 배 수

像法復倍是 法滅天人憂
상 법 부 배 시　법 멸 천 인 우

其五百比丘 次第當作佛
기 오 백 비 구　차 제 당 작 불

同號曰普明 轉次而授記
동 호 왈 보 명　전 차 이 수 기

我滅度之後 某甲當作佛
아 멸 도 지 후　모 갑 당 작 불

其所化世間 亦如我今日
기 소 화 세 간　역 여 아 금 일

國土之嚴淨 及諸神通力
국 토 지 엄 정　급 제 신 통 력

菩薩聲聞衆 正法及像法
보 살 성 문 중　정 법 급 상 법

壽命劫多少 皆如上所說
수 명 겁 다 소　개 여 상 소 설

迦葉汝已知 五百自在者
가 섭 여 이 지　오 백 자 재 자

餘諸聲聞衆 亦當復如是
여 제 성 문 중　역 당 부 여 시

其不在此會 汝當爲宣說
기 부 재 차 회　여 당 위 선 설

爾時 五百阿羅漢 於佛前
이 시　오 백 아 라 한　어 불 전

得受記已 歡喜踊躍 卽從座
득 수 기 이　환 희 용 약　즉 종 좌

起 到於佛前 頭面禮足 悔
기　도 어 불 전　두 면 예 족　회

過自責 世尊 我等常作是
과 자 책　세 존　아 등 상 작 시

念 自謂已得 究竟滅度 今
념　자 위 이 득　구 경 멸 도　금

乃知之 如無智者 所以者何
내 지 지　여 무 지 자　소 이 자 하

我等 應得如來智慧 而便
아 등 응 득 여 래 지 혜 이 변

自以小智爲足 世尊 譬如有
자 이 소 지 위 족 세 존 비 여 유

人 至親友家 醉酒而臥 是
인 지 친 우 가 취 주 이 와 시

時親友 官事當行 以無價寶
시 친 우 관 사 당 행 이 무 가 보

珠 繫其衣裏 與之而去 其
주 계 기 의 리 여 지 이 거 기

人醉臥 都不覺知 起已遊
인 취 와 도 불 각 지 기 이 유

行 到於他國 爲衣食故 勤
행 도 어 타 국 위 의 식 고 근

力求索 甚大艱難 若少有所
력 구 색 심 대 간 난 약 소 유 소

得 便以爲足 於後親友 會
득 변 이 위 족 어 후 친 우 회

遇見之 而作是言 咄哉丈夫
우 견 지 이 작 시 언 돌 재 장 부

何爲衣食 乃至如是 我昔欲
하 위 의 식　내 지 여 시　아 석 욕
令汝得安樂 五欲自恣 於某
령 여 득 안 락　오 욕 자 자　어 모
年日月 以無價寶珠 繫汝衣
년 일 월　이 무 가 보 주　계 여 의
裏 今故現在 而汝不知 勤
리　금 고 현 재　이 여 부 지　근
苦憂惱 以求自活 甚爲癡也
고 우 뇌　이 구 자 활　심 위 치 야
汝今可以此寶 貿易所須 常
여 금 가 이 차 보　무 역 소 수　상
可如意 無所乏短 佛亦如是
가 여 의　무 소 핍 단　불 역 여 시
爲菩薩時 敎化我等 令發一
위 보 살 시　교 화 아 등　영 발 일
切智心 而尋廢忘 不知不覺
체 지 심　이 심 폐 망　부 지 불 각
旣得阿羅漢道 自謂滅度 資
기 득 아 라 한 도　자 위 멸 도　자

제8 오백제자수기품 23

生難難 得少爲足 一切智願
생 간 난　득 소 위 족　일 체 지 원

猶在不失 今者世尊 覺悟我
유 재 불 실　금 자 세 존　각 오 아

等 作如是言 諸比丘 汝等
등　작 여 시 언　제 비 구　여 등

所得 非究竟滅 我久令汝等
소 득　비 구 경 멸　아 구 령 여 등

種佛善根 以方便故 示涅槃
종 불 선 근　이 방 편 고　시 열 반

相 而汝謂爲 實得滅度 世
상　이 여 위 위　실 득 멸 도　세

尊 我今乃知 實是菩薩 得
존　아 금 내 지　실 시 보 살　득

受阿耨多羅三藐三菩提記
수 아 뇩 다 라 삼 먁 삼 보 리 기

以是因緣 甚大歡喜 得未曾
이 시 인 연　심 대 환 희　득 미 증

有 爾時 阿若憍陳如等 欲
유　이 시　아 야 교 진 여 등　욕

重宣此義 而說偈言
중 선 차 의 이 설 게 언

我等聞無上 安隱授記聲
아 등 문 무 상 안 은 수 기 성

歡喜未曾有 禮無量智佛
환 희 미 증 유 예 무 량 지 불

今於世尊前 自悔諸過咎
금 어 세 존 전 자 회 제 과 구

於無量佛寶 得少涅槃分
어 무 량 불 보 득 소 열 반 분

如無智愚人 便自以爲足
여 무 지 우 인 변 자 이 위 족

譬如貧窮人 往至親友家
비 여 빈 궁 인 왕 지 친 우 가

其家甚大富 具設諸餚饍
기 가 심 대 부 구 설 제 효 선

以無價寶珠 繫著內衣裏
이 무 가 보 주 계 착 내 의 리

默與而捨去 時臥不覺知
묵 여 이 사 거 시 와 불 각 지

是人旣已起 遊行詣他國
시 인 기 이 기　유 행 예 타 국

求衣食自濟 資生甚艱難
구 의 식 자 제　자 생 심 간 난

得少便爲足 更不願好者
득 소 변 위 족　갱 불 원 호 자

不覺內衣裏 有無價寶珠
불 각 내 의 리　유 무 가 보 주

與珠之親友 後見此貧人
여 주 지 친 우　후 견 차 빈 인

苦切責之已 示以所繫珠
고 절 책 지 이　시 이 소 계 주

貧人見此珠 其心大歡喜
빈 인 견 차 주　기 심 대 환 희

富有諸財物 五欲而自恣
부 유 제 재 물　오 욕 이 자 자

我等亦如是 世尊於長夜
아 등 역 여 시　세 존 어 장 야

常愍見敎化 令種無上願
상 민 견 교 화　영 종 무 상 원

我等無智故 不覺亦不知
아 등 무 지 고　불 각 역 부 지

得少涅槃分 自足不求餘
득 소 열 반 분　자 족 불 구 여

今佛覺悟我 言非實滅度
금 불 각 오 아　언 비 실 멸 도

得佛無上慧 爾乃爲眞滅
득 불 무 상 혜　이 내 위 진 멸

我今從佛聞 授記莊嚴事
아 금 종 불 문　수 기 장 엄 사

及轉次受決 身心遍歡喜
급 전 차 수 결　신 심 변 환 희

授學無學人記品 第九
수 학 무 학 인 기 품 제 구

爾時 阿難 羅睺羅 而作是
이시 아난 라후라 이작시

念 我等 每自思惟 設得授
념 아등 매자사유 설득수

記 不亦快乎 卽從座起 到
기 불역쾌호 즉종좌기 도

於佛前 頭面禮足 俱白佛言
어불전 두면예족 구백불언

世尊 我等於此 亦應有分
세존 아등어차 역응유분

唯有如來 我等所歸 又我等
유유여래 아등소귀 우아등

爲一切世間 天人阿修羅 所
위일체세간 천인아수라 소

見知識 阿難 常爲侍者 護
견 지 식 아 난 상 위 시 자 호

持法藏 羅睺羅 是佛之子
지 법 장 라 후 라 시 불 지 자

若佛見授 阿耨多羅三藐三
약 불 견 수 아 녹 다 라 삼 먁 삼

菩提記者 我願旣滿 衆望亦
보 리 기 자 아 원 기 만 중 망 역

足 爾時 學無學聲聞弟子
족 이 시 학 무 학 성 문 제 자

二千人 皆從座起 偏袒右肩
이 천 인 개 종 좌 기 편 단 우 견

到於佛前 一心合掌 瞻仰世
도 어 불 전 일 심 합 장 첨 앙 세

尊 如阿難 羅睺羅所願 住
존 여 아 난 라 후 라 소 원 주

立一面 爾時 佛告阿難 汝
립 일 면 이 시 불 고 아 난 여

於來世 當得作佛 號山海慧
어 내 세 당 득 작 불 호 산 해 혜

自在通王如來 應供 正遍
자 재 통 왕 여 래   응 공   정 변

知 明行足 善逝 世間解 無
지   명 행 족   선 서   세 간 해   무

上士 調御丈夫 天人師 佛
상 사   조 어 장 부   천 인 사   불

世尊 當供養 六十二億諸佛
세 존   당 공 양   육 십 이 억 제 불

護持法藏 然後 得阿耨多羅
호 지 법 장   연 후   득 아 뇩 다 라

三藐三菩提 教化二十千萬
삼 먁 삼 보 리   교 화 이 십 천 만

億 恒河沙 諸菩薩等 令成
억   항 하 사   제 보 살 등   영 성

阿耨多羅三藐三菩提 國名
아 뇩 다 라 삼 먁 삼 보 리   국 명

常立勝幡 其土清淨 琉璃爲
상 립 승 번   기 토 청 정   유 리 위

地 劫名妙音遍滿 其佛壽命
지   겁 명 묘 음 변 만   기 불 수 명

無量千萬億 阿僧祇劫 若人
무 량 천 만 억　아 승 기 겁　약 인

於千萬億 無量阿僧祇劫 中
어 천 만 억　무 량 아 승 기 겁　중

算數校計 不能得知 正法住
산 수 교 계　불 능 득 지　정 법 주

世 倍於壽命 像法住世 復
세　배 어 수 명　상 법 주 세　부

倍正法 阿難 是山海慧自在
배 정 법　아 난　시 산 해 혜 자 재

通王佛 爲十方無量千萬億
통 왕 불　위 시 방 무 량 천 만 억

恒河沙等 諸佛如來 所共讚
항 하 사 등　제 불 여 래　소 공 찬

歎 稱其功德 爾時 世尊 欲
탄　칭 기 공 덕　이 시　세 존　욕

重宣此義 而說偈言
중 선 차 의　이 설 게 언

我今僧中說 阿難持法者
아 금 승 중 설　아 난 지 법 자

當供養諸佛 然後成正覺
당 공 양 제 불 연 후 성 정 각

號曰山海慧 自在通王佛
호 왈 산 해 혜 자 재 통 왕 불

其國土淸淨 名常立勝幡
기 국 토 청 정 명 상 립 승 번

敎化諸菩薩 其數如恒沙
교 화 제 보 살 기 수 여 항 사

佛有大威德 名聞滿十方
불 유 대 위 덕 명 문 만 시 방

壽命無有量 以愍衆生故
수 명 무 유 량 이 민 중 생 고

正法倍壽命 像法復倍是
정 법 배 수 명 상 법 부 배 시

如恒河沙等 無數諸衆生
여 항 하 사 등 무 수 제 중 생

於此佛法中 種佛道因緣
어 차 불 법 중 종 불 도 인 연

爾時會中 新發意菩薩 八千
이 시 회 중 신 발 의 보 살 팔 천

人 咸作是念 我等尚不聞
인 함작시념 아등상불문

諸大菩薩 得如是記 有何因
제대보살 득여시기 유하인

緣 而諸聲聞 得如是決 爾
연 이제성문 득여시결 이

時 世尊 知諸菩薩 心之所
시 세존 지제보살 심지소

念 而告之曰 諸善男子 我
념 이고지왈 제선남자 아

與阿難等 於空王佛所 同時
여아난등 어공왕불소 동시

發阿耨多羅三藐三菩提心
발아뇩다라삼먁삼보리심

阿難常樂多聞 我常勤精進
아난상락다문 아상근정진

是故 我已得成 阿耨多羅三
시고 아이득성 아뇩다라삼

藐三菩提 而阿難 護持我法
먁삼보리 이아난 호지아법

亦護將來 諸佛法藏 敎化成
역 호 장 래 제 불 법 장 교 화 성

就 諸菩薩衆 其本願如是
취 제 보 살 중 기 본 원 여 시

故獲斯記 阿難 面於佛前
고 획 사 기 아 난 면 어 불 전

自聞授記 及國土莊嚴 所
자 문 수 기 급 국 토 장 엄 소

願具足 心大歡喜 得未曾有
원 구 족 심 대 환 희 득 미 증 유

卽時憶念 過去無量千萬億
즉 시 억 념 과 거 무 량 천 만 억

諸佛法藏 通達無礙 如今所
제 불 법 장 통 달 무 애 여 금 소

聞 亦識本願 爾時阿難 而
문 역 식 본 원 이 시 아 난 이

說偈言
설 게 언

世尊甚希有 令我念過去
세 존 심 희 유 영 아 념 과 거

無量諸佛法 如今日所聞
무 량 제 불 법　여 금 일 소 문

我今無復疑 安住於佛道
아 금 무 부 의　안 주 어 불 도

方便爲侍者 護持諸佛法
방 편 위 시 자　호 지 제 불 법

爾時 佛告羅睺羅 汝於來
이 시　불 고 라 후 라　여 어 내

世 當得作佛 號蹈七寶華如
세　당 득 작 불　호 도 칠 보 화 여

來 應供 正遍知 明行足 善
래　응 공　정 변 지　명 행 족　선

逝 世間解 無上士 調御丈
서　세 간 해　무 상 사　조 어 장

夫 天人師 佛世尊 當供養
부　천 인 사　불 세 존　당 공 양

十世界 微塵等數 諸佛如來
십 세 계　미 진 등 수　제 불 여 래

常爲諸佛 而作長子 猶如今
상 위 제 불　이 작 장 자　유 여 금

也 是 蹈 七 寶 華 佛 國 土 莊 嚴
야 시 도 칠 보 화 불 국 토 장 엄

壽 命 劫 數 所 化 弟 子 正 法 像
수 명 겁 수 소 화 제 자 정 법 상

法 亦 如 山 海 慧 自 在 通 王 如
법 역 여 산 해 혜 자 재 통 왕 여

來 無 異 亦 爲 此 佛 而 作 長 子
래 무 이 역 위 차 불 이 작 장 자

過 是 已 後 當 得 阿 耨 多 羅 三
과 시 이 후 당 득 아 뇩 다 라 삼

藐 三 菩 提 爾 時 世 尊 欲 重
막 삼 보 리 이 시 세 존 욕 중

宣 此 義 而 說 偈 言
선 차 의 이 설 게 언

我 爲 太 子 時 羅 睺 爲 長 子
아 위 태 자 시 라 후 위 장 자

我 今 成 佛 道 受 法 爲 法 子
아 금 성 불 도 수 법 위 법 자

於 未 來 世 中 見 無 量 億 佛
어 미 래 세 중 견 무 량 억 불

皆爲其長子 一心求佛道
개 위 기 장 자 일 심 구 불 도

羅睺羅密行 唯我能知之
라 후 라 밀 행 유 아 능 지 지

現爲我長子 以示諸衆生
현 위 아 장 자 이 시 제 중 생

無量億千萬 功德不可數
무 량 억 천 만 공 덕 불 가 수

安住於佛法 以求無上道
안 주 어 불 법 이 구 무 상 도

爾時 世尊 見學無學二千人
이 시 세 존 견 학 무 학 이 천 인

其意柔軟 寂然淸淨 一心觀
기 의 유 연 적 연 청 정 일 심 관

佛 佛告阿難 汝見是學無學
불 불 고 아 난 여 견 시 학 무 학

二千人不 唯然已見 阿難
이 천 인 부 유 연 이 견 아 난

是諸人等 當供養 五十世界
시 제 인 등 당 공 양 오 십 세 계

微塵數 諸佛如來 恭敬尊重
미진수 제불여래 공경존중

護持法藏 末後同時 於十方
호지법장 말후동시 어시방

國 各得成佛 皆同一號 名
국 각득성불 개동일호 명

曰寶相如來 應供 正遍知
왈 보상여래 응공 정변지

明行足 善逝 世間解 無上
명행족 선서 세간해 무상

士 調御丈夫 天人師 佛世
사 조어장부 천인사 불세

尊 壽命一劫 國土莊嚴 聲
존 수명일겁 국토장엄 성

聞菩薩 正法像法 皆悉同等
문보살 정법상법 개실동등

爾時 世尊 欲重宣此義 而
이시 세존 욕중선차의 이

說偈言
설게언

是二千聲聞 今於我前住
시 이 천 성 문　금 어 아 전 주

悉皆與授記 未來當成佛
실 개 여 수 기　미 래 당 성 불

所供養諸佛 如上說塵數
소 공 양 제 불　여 상 설 진 수

護持其法藏 後當成正覺
호 지 기 법 장　후 당 성 정 각

各於十方國 悉同一名號
각 어 시 방 국　실 동 일 명 호

俱時坐道場 以證無上慧
구 시 좌 도 량　이 증 무 상 혜

皆名爲寶相 國土及弟子
개 명 위 보 상　국 토 급 제 자

正法與像法 悉等無有異
정 법 여 상 법　실 등 무 유 이

咸以諸神通 度十方衆生
함 이 제 신 통　도 시 방 중 생

名聞普周遍 漸入於涅槃
명 문 보 주 변　점 입 어 열 반

爾時 學無學二千人 聞佛授
이 시 학 무 학 이 천 인 문 불 수

記 歡喜踊躍 而說偈言
기 환 희 용 약 이 설 게 언

世尊慧燈明 我聞授記音
세 존 혜 등 명 아 문 수 기 음

心歡喜充滿 如甘露見灌
심 환 희 충 만 여 감 로 견 관

法師品 第十
법 사 품 제 십

爾時 世尊 因藥王菩薩 告
이 시 세 존 인 약 왕 보 살 고

八萬大士 藥王 汝見是大衆
팔 만 대 사 약 왕 여 견 시 대 중

中 無量諸天 龍王夜叉 乾
중 무 량 제 천 용 왕 야 차 건

闥婆阿修羅 迦樓羅緊那羅
달 바 아 수 라 가 루 라 긴 나 라

摩睺羅伽 人與非人 及比丘
마 후 라 가 인 여 비 인 급 비 구

比丘尼 優婆塞優婆夷 求聲
비 구 니 우 바 새 우 바 이 구 성

聞者 求辟支佛者 求佛道
문 자 구 벽 지 불 자 구 불 도

者 如是等類 咸於佛前 聞
자 여시등류 함어불전 문

妙法華經 一偈一句 乃至一
묘법화경 일게일구 내지일

念隨喜者 我皆與授記 當得
념수희자 아개여수기 당득

阿耨多羅三藐三菩提 佛告
아뇩다라삼먁삼보리 불고

藥王 又如來 滅度之後 若
약왕 우여래 멸도지후 약

有人 聞妙法華經 乃至一偈
유인 문묘법화경 내지일게

一句 一念隨喜者 我亦與授
일구 일념수희자 아역여수

阿耨多羅三藐三菩提記 若
아뇩다라삼먁삼보리기 약

復有人 受持讀誦 解說書寫
부유인 수지독송 해설서사

妙法華經 乃至一偈 於此經
묘법화경 내지일게 어차경

卷 敬視如佛 種種供養 華
권 경시여불 종종공양 화

香瓔珞 抹香塗香燒香 繒蓋
향영락 말향도향소향 증개

幢幡 衣服伎樂 乃至合掌恭
당번 의복기악 내지합장공

敬 藥王當知 是諸人等 已
경 약왕당지 시제인등 이

曾供養 十萬億佛 於諸佛所
증공양 십만억불 어제불소

成就大願 愍衆生故 生此人
성취대원 민중생고 생차인

間 藥王 若有人問 何等衆
간 약왕 약유인문 하등중

生 於未來世 當得作佛 應
생 어미래세 당득작불 응

示是諸人等 於未來世 必得
시 시제인등 어미래세 필득

作佛 何以故 若善男子善女
작불 하이고 약선남자선여

人 於法華經 乃至一句 受
인 어법화경 내지일구 수

持讀誦 解說書寫 種種供養
지 독 송 해설서사 종종공양

經卷 華香瓔珞 抹香塗香 燒
경권 화향영락 말향도향 소

香 繒蓋幢幡 衣服伎樂 合
향 증개당번 의복기악 합

掌恭敬 是人 一切世間 所
장공경 시인 일체세간 소

應瞻奉 應以如來供養 而供
응첨봉 응이여래공양 이공

養之 當知此人 是大菩薩
양지 당지차인 시대보살

成就阿耨多羅三藐三菩提
성취아뇩다라삼먁삼보리

哀愍衆生 願生此間 廣演分
애민중생 원생차간 광연분

別 妙法華經 何況盡能受持
별 묘법화경 하황진능수지

種種供養者 藥王 當知是人
종종공양자 약왕 당지시인

自捨清淨業報 於我滅度後
자사청정업보 어아멸도후

愍衆生故 生於惡世 廣演此
민중생고 생어악세 광연차

經 若是善男子善女人 我滅
경 약시선남자선여인 아멸

度後 能竊爲一人 說法華經
도후 능절위일인 설법화경

乃至一句 當知是人 則如來
내지일구 당지시인 즉여래

使 如來所遣 行如來事 何
사 여래소견 행여래사 하

況於大衆中 廣爲人說 藥王
황어대중중 광위인설 약왕

若有惡人 以不善心 於一劫
약유악인 이불선심 어일겁

中 現於佛前 常毀罵佛 其
중 현어불전 상훼매불 기

罪尚輕 若人以一惡言 毀呰
죄상경 약인이일악언 훼자

在家出家 讀誦法華經者 其
재가출가 독송법화경자 기

罪甚重 藥王 其有讀誦法
죄심중 약왕 기유독송법

華經者 當知是人 以佛莊嚴
화경자 당지시인 이불장엄

而自莊嚴 則爲如來 肩所荷
이자장엄 즉위여래 견소하

擔 其所至方 應隨向禮 一
담 기소지방 응수향례 일

心合掌 恭敬供養 尊重讚歎
심합장 공경공양 존중찬탄

華香瓔珞 抹香塗香燒香 繒
화향영락 말향도향소향 증

蓋幢幡 衣服餚饌 作諸伎樂
개당번 의복효찬 작제기악

人中上供 而供養之 應持天
인중상공 이공양지 응지천

寶 而以散之 天上寶聚 應
보 이이산지 천상보취 응

以奉獻 所以者何 是人歡
이봉헌 소이자하 시인환

喜說法 須臾聞之 卽得究竟
희설법 수유문지 즉득구경

阿耨多羅三藐三菩提故 爾
아뇩다라삼먁삼보리고 이

時 世尊 欲重宣此義 而說
시 세존 욕중선차의 이설

偈言
게언

若欲住佛道 成就自然智
약욕주불도 성취자연지

常當勤供養 受持法華者
상당근공양 수지법화자

其有欲疾得 一切種智慧
기유욕질득 일체종지혜

當受持是經 幷供養持者
당수지시경 병공양지자

제10 법사품 47

若有能受持 妙法華經者
약 유 능 수 지　묘 법 화 경 자

當知佛所使 愍念諸衆生
당 지 불 소 사　민 념 제 중 생

諸有能受持 妙法華經者
제 유 능 수 지　묘 법 화 경 자

捨於淸淨土 愍衆故生此
사 어 청 정 토　민 중 고 생 차

當知如是人 自在所欲生
당 지 여 시 인　자 재 소 욕 생

能於此惡世 廣說無上法
능 어 차 악 세　광 설 무 상 법

應以天華香 及天寶衣服
응 이 천 화 향　급 천 보 의 복

天上妙寶聚 供養說法者
천 상 묘 보 취　공 양 설 법 자

吾滅後惡世 能持是經者
오 멸 후 악 세　능 지 시 경 자

當合掌禮敬 如供養世尊
당 합 장 예 경　여 공 양 세 존

上饌眾甘美 及種種衣服
상찬중감미 급종종의복
供養是佛子 冀得須臾聞
공양시불자 기득수유문
若能於後世 受持是經者
약능어후세 수지시경자
我遣在人中 行於如來事
아견재인중 행어여래사
若於一劫中 常懷不善心
약어일겁중 상회불선심
作色而罵佛 獲無量重罪
작색이매불 획무량중죄
其有讀誦持 是法華經者
기유독송지 시법화경자
須臾加惡言 其罪復過彼
수유가악언 기죄부과피
有人求佛道 而於一劫中
유인구불도 이어일겁중
合掌在我前 以無數偈讚
합장재아전 이무수게찬

由是讚佛故　得無量功德
유 시 찬 불 고　득 무 량 공 덕

歎美持經者　其福復過彼
탄 미 지 경 자　기 복 부 과 피

於八十億劫　以最妙色聲
어 팔 십 억 겁　이 최 묘 색 성

及與香味觸　供養持經者
급 여 향 미 촉　공 양 지 경 자

如是供養已　若得須臾聞
여 시 공 양 이　약 득 수 유 문

則應自欣慶　我今獲大利
즉 응 자 흔 경　아 금 획 대 리

藥王今告汝　我所說諸經
약 왕 금 고 여　아 소 설 제 경

而於此經中　法華最第一
이 어 차 경 중　법 화 최 제 일

爾時 佛復告藥王菩薩摩訶
이 시　불 부 고 약 왕 보 살 마 하

薩 我所說經典 無量千萬億
살　아 소 설 경 전　무 량 천 만 억

已說今說當說 而於其中 此
이설금설당설 이어기중 차

法華經 最爲難信難解 藥王
법화경 최위난신난해 약왕

此經 是諸佛秘要之藏 不
차경 시제불비요지장 불

可分布 妄授與人 諸佛世
가분포 망수여인 제불세

尊 之所守護 從昔已來 未
존 지소수호 종석이래 미

曾顯說 而此經者 如來現在
증현설 이차경자 여래현재

猶多怨嫉 況滅度後 藥王當
유다원질 황멸도후 약왕당

知 如來滅後 其能書持 讀
지 여래멸후 기능서지 독

誦供養 爲他人說者 如來則
송공양 위타인설자 여래즉

爲 以衣覆之 又爲他方 現
위 이의부지 우위타방 현

在諸佛 之所護念 是人 有
재 제불 지 소 호 념 시 인 유

大信力 及志願力 諸善根力
대 신 력 급 지 원 력 제 선 근 력

當知是人 與如來共宿 則爲
당 지 시 인 여 여 래 공 숙 즉 위

如來 手摩其頭 藥王 在在
여 래 수 마 기 두 약 왕 재 재

處處 若說若讀 若誦若書
처 처 약 설 약 독 약 송 약 서

若經卷所住處 皆應起七寶
약 경 권 소 주 처 개 응 기 칠 보

塔 極令高廣嚴飾 不須復安
탑 극 령 고 광 엄 식 불 수 부 안

舍利 所以者何 此中已有如
사 리 소 이 자 하 차 중 이 유 여

來全身 此塔 應以一切 華
래 전 신 차 탑 응 이 일 체 화

香瓔珞 繒蓋幢幡 伎樂歌頌
향 영 락 증 개 당 번 기 악 가 송

供養恭敬 尊重讚歎 若有人
공 양 공 경　존 중 찬 탄　약 유 인

得見此塔 禮拜供養 當知
득 견 차 탑　예 배 공 양　당 지

是等 皆近阿耨多羅三藐三
시 등　개 근 아 뇩 다 라 삼 먁 삼

菩提 藥王 多有人 在家出
보 리　약 왕　다 유 인　재 가 출

家 行菩薩道 若不能得 見
가　행 보 살 도　약 불 능 득　견

聞讀誦 書持供養 是法華經
문 독 송　서 지 공 양　시 법 화 경

者 當知是人 未善行菩薩道
자　당 지 시 인　미 선 행 보 살 도

若有得聞 是經典者 乃能善
약 유 득 문　시 경 전 자　내 능 선

行 菩薩之道 其有眾生 求
행　보 살 지 도　기 유 중 생　구

佛道者 若見若聞 是法華經
불 도 자　약 견 약 문　시 법 화 경

聞已信解 受持者 當知是人
문 이 신 해 수 지 자 당 지 시 인

得近阿耨多羅三藐三菩提
득 근 아 뇩 다 라 삼 먁 삼 보 리

藥王 譬如有人 渴乏須水
약 왕 비 여 유 인 갈 핍 수 수

於彼高原 穿鑿求之 猶見乾
어 피 고 원 천 착 구 지 유 견 건

土 知水尚遠 施功不已 轉
토 지 수 상 원 시 공 불 이 전

見濕土 遂漸至泥 其心決定
견 습 토 수 점 지 니 기 심 결 정

知水必近 菩薩 亦復如是
지 수 필 근 보 살 역 부 여 시

若未聞未解 未能修習 是法
약 미 문 미 해 미 능 수 습 시 법

華經者 當知是人 去阿耨多
화 경 자 당 지 시 인 거 아 뇩 다

羅三藐三菩提 尚遠 若得聞
라 삼 먁 삼 보 리 상 원 약 득 문

解 思惟修習 必知得近 阿
해 사유수습 필지득근 아

耨多羅三藐三菩提 所以者
녹다라삼먁삼보리 소이자

何 一切菩薩 阿耨多羅三藐
하 일체보살 아녹다라삼먁

三菩提 皆屬此經 此經開
삼보리 개속차경 차경개

方便門 示眞實相 是法華經
방편문 시진실상 시법화경

藏 深固幽遠 無人能到 今
장 심고유원 무인능도 금

佛敎化 成就菩薩 而爲開示
불교화 성취보살 이위개시

藥王 若有菩薩 聞是法華經
약왕 약유보살 문시법화경

驚疑怖畏 當知是爲 新發意
경의포외 당지시위 신발의

菩薩 若聲聞人 聞是經 驚
보살 약성문인 문시경 경

疑怖畏 當知是爲 增上慢者
의 포 외　당 지 시 위　증 상 만 자

藥王 若有善男子善女人 如
약 왕　약 유 선 남 자 선 여 인　여

來滅後 欲爲四衆 說是法華
래 멸 후　욕 위 사 중　설 시 법 화

經者 云何應說 是善男子善
경 자　운 하 응 설　시 선 남 자 선

女人 入如來室 著如來衣
여 인　입 여 래 실　착 여 래 의

坐如來座 爾乃應爲四衆 廣
좌 여 래 좌　이 내 응 위 사 중　광

說斯經 如來室者 一切衆生
설 사 경　여 래 실 자　일 체 중 생

中 大慈悲心是 如來衣者
중　대 자 비 심 시　여 래 의 자

柔和忍辱心是 如來座者 一
유 화 인 욕 심 시　여 래 좌 자　일

切法空是 安住是中 然後
체 법 공 시　안 주 시 중　연 후

以不懈怠心 爲諸菩薩 及四
이 불 해 태 심　위 제 보 살　급 사

衆 廣說是法華經 藥王 我
중　광 설 시 법 화 경　약 왕　아

於餘國 遣化人 爲其集聽法
어 여 국　견 화 인　위 기 집 청 법

衆 亦遣化比丘比丘尼 優婆
중　역 견 화 비 구 비 구 니　우 바

塞優婆夷 聽其說法 是諸化
새 우 바 이　청 기 설 법　시 제 화

人 聞法信受 隨順不逆 若
인　문 법 신 수　수 순 불 역　약

說法者 在空閑處 我時廣遣
설 법 자　재 공 한 처　아 시 광 견

天龍鬼神 乾闥婆 阿修羅等
천 룡 귀 신　건 달 바　아 수 라 등

聽其說法 我雖在異國 時時
청 기 설 법　아 수 재 이 국　시 시

令說法者 得見我身 若於此
영 설 법 자　득 견 아 신　약 어 차

經 忘失句逗 我還爲說 令
경 망실구두 아환위설 영

得具足 爾時 世尊 欲重宣
득 구 족 이 시 세 존 욕 중 선

此義 而說偈言
차 의 이 설 게 언

欲捨諸懈怠 應當聽此經
욕 사 제 해 태 응 당 청 차 경

是經難得聞 信受者亦難
시 경 난 득 문 신 수 자 역 난

如人渴須水 穿鑿於高原
여 인 갈 수 수 천 착 어 고 원

猶見乾燥土 知去水尚遠
유 견 건 조 토 지 거 수 상 원

漸見濕土泥 決定知近水
점 견 습 토 니 결 정 지 근 수

藥王汝當知 如是諸人等
약 왕 여 당 지 여 시 제 인 등

不聞法華經 去佛智甚遠
불 문 법 화 경 거 불 지 심 원

若聞是深經　決了聲聞法
약 문 시 심 경　결 료 성 문 법

是諸經之王　聞已諦思惟
시 제 경 지 왕　문 이 제 사 유

當知此人等　近於佛智慧
당 지 차 인 등　근 어 불 지 혜

若人說此經　應入如來室
약 인 설 차 경　응 입 여 래 실

著於如來衣　而坐如來座
착 어 여 래 의　이 좌 여 래 좌

處眾無所畏　廣爲分別說
처 중 무 소 외　광 위 분 별 설

大慈悲爲室　柔和忍辱衣
대 자 비 위 실　유 화 인 욕 의

諸法空爲座　處此爲說法
제 법 공 위 좌　처 차 위 설 법

若說此經時　有人惡口罵
약 설 차 경 시　유 인 악 구 매

加刀杖瓦石　念佛故應忍
가 도 장 와 석　염 불 고 응 인

我千萬億土	現淨堅固身
아 천 만 억 토	현 정 견 고 신
於無量億劫	爲衆生說法
어 무 량 억 겁	위 중 생 설 법
若我滅度後	能說此經者
약 아 멸 도 후	능 설 차 경 자
我遣化四衆	比丘比丘尼
아 견 화 사 중	비 구 비 구 니
及清信士女	供養於法師
급 청 신 사 녀	공 양 어 법 사
引導諸衆生	集之令聽法
인 도 제 중 생	집 지 령 청 법
若人欲加惡	刀杖及瓦石
약 인 욕 가 악	도 장 급 와 석
則遣變化人	爲之作衛護
즉 견 변 화 인	위 지 작 위 호
若說法之人	獨在空閑處
약 설 법 지 인	독 재 공 한 처
寂寞無人聲	讀誦此經典
적 막 무 인 성	독 송 차 경 전

我爾時爲現　清淨光明身
아 이 시 위 현　청 정 광 명 신

若忘失章句　爲說令通利
약 망 실 장 구　위 설 령 통 리

若人具是德　或爲四衆說
약 인 구 시 덕　혹 위 사 중 설

空處讀誦經　皆得見我身
공 처 독 송 경　개 득 견 아 신

若人在空閑　我遣天龍王
약 인 재 공 한　아 견 천 룡 왕

夜叉鬼神等　爲作聽法衆
야 차 귀 신 등　위 작 청 법 중

是人樂說法　分別無罣礙
시 인 요 설 법　분 별 무 가 애

諸佛護念故　能令大衆喜
제 불 호 념 고　능 령 대 중 희

若親近法師　速得菩薩道
약 친 근 법 사　속 득 보 살 도

隨順是師學　得見恒沙佛
수 순 시 사 학　득 견 항 사 불

見寶塔品 第十一
견 보 탑 품 제 십 일

爾時 佛前 有七寶塔 高五
이시 불전 유칠보탑 고오

百由旬 縱廣二百五十由旬
백유순 종광이백오십유순

從地涌出 住在空中 種種寶
종지용출 주재공중 종종보

物 而莊校之 五千欄楯 龕
물 이장교지 오천난순 감

室千萬 無數幢幡 以爲嚴飾
실천만 무수당번 이위엄식

垂寶瓔珞 寶鈴萬億 而懸其
수보영락 보령만억 이현기

上 四面皆出 多摩羅跋栴
상 사면개출 다마라발전

| 檀之香 | 充遍世界 | 其諸幡蓋 |
| 단 지 향 | 충 변 세 계 | 기 제 번 개 |

以金銀琉璃 硨磲瑪瑙 眞珠
이 금 은 유 리　자 거 마 노　진 주

玫瑰 七寶合成 高至四天王
매 괴　칠 보 합 성　고 지 사 천 왕

宮 三十三天 雨天曼陀羅華
궁　삼 십 삼 천　우 천 만 다 라 화

供養寶塔 餘諸天龍夜叉 乾
공 양 보 탑　여 제 천 룡 야 차　건

闥婆阿修羅 迦樓羅緊那羅
달 바 아 수 라　가 루 라 긴 나 라

摩睺羅伽 人非人等 千萬億
마 후 라 가　인 비 인 등　천 만 억

衆 以一切華香瓔珞 幡蓋伎
중　이 일 체 화 향 영 락　번 개 기

樂 供養寶塔 恭敬尊重讚歎
악　공 양 보 탑　공 경 존 중 찬 탄

爾時 寶塔中 出大音聲歎
이 시　보 탑 중　출 대 음 성 탄

言 善哉善哉 釋迦牟尼世尊
언 선재선재 석가모니세존

能以平等大慧 教菩薩法 佛
능이평등대혜 교보살법 불

所護念 妙法華經 爲大衆說
소호념 묘법화경 위대중설

如是如是 釋迦牟尼世尊 如
여시여시 석가모니세존 여

所說者 皆是眞實 爾時 四
소설자 개시진실 이시 사

衆 見大寶塔 住在空中 又
중 견대보탑 주재공중 우

聞塔中 所出音聲 皆得法喜
문탑중 소출음성 개득법희

怪未曾有 從座而起 恭敬合
괴미증유 종좌이기 공경합

掌 却住一面 爾時 有菩薩
장 각주일면 이시 유보살

摩訶薩 名大樂說 知一切世
마하살 명대요설 지일체세

間 天人阿修羅等 心之所疑
간 천인아수라등 심지소의

而白佛言 世尊 以何因緣
이백불언 세존 이하인연

有此寶塔 從地涌出 又於其
유차보탑 종지용출 우어기

中 發是音聲 爾時 佛告大
중 발시음성 이시 불고대

樂說菩薩 此寶塔中 有如來
요설보살 차보탑중 유여래

全身 乃往過去 東方無量千
전신 내왕과거 동방무량천

萬億 阿僧祇世界 國名寶淨
만억 아승기세계 국명보정

彼中有佛 號曰多寶 其佛
피중유불 호왈다보 기불

行菩薩道時 作大誓願 若我
행보살도시 작대서원 약아

成佛 滅度之後 於十方國土
성불 멸도지후 어시방국토

有說法華經處 我之塔廟 爲
유 설 법 화 경 처 아 지 탑 묘 위

聽是經故 涌現其前 爲作證
청 시 경 고 용 현 기 전 위 작 증

明 讚言善哉 彼佛成道已
명 찬 언 선 재 피 불 성 도 이

臨滅度時 於天人大衆中 告
임 멸 도 시 어 천 인 대 중 중 고

諸比丘 我滅度後 欲供養我
제 비 구 아 멸 도 후 욕 공 양 아

全身者 應起一大塔 其佛
전 신 자 응 기 일 대 탑 기 불

以神通願力 十方世界 在在
이 신 통 원 력 시 방 세 계 재 재

處處 若有說法華經者 彼之
처 처 약 유 설 법 화 경 자 피 지

寶塔 皆涌出其前 全身在於
보 탑 개 용 출 기 전 전 신 재 어

塔中 讚言 善哉善哉 大樂
탑 중 찬 언 선 재 선 재 대 요

說 今多寶如來塔 聞說法華
설 금다보여래탑 문설법화

經故 從地涌出 讚言 善哉
경고 종지용출 찬언 선재

善哉 是時 大樂說菩薩 以
선재 시시 대요설보살 이

如來神力故 白佛言 世尊
여래신력고 백불언 세존

我等 願欲見此佛身 佛告大
아등 원욕견차불신 불고대

樂說菩薩摩訶薩 是多寶佛
요설보살마하살 시다보불

有深重願 若我寶塔 爲聽法
유심중원 약아보탑 위청법

華經故 出於諸佛前時 其有
화경고 출어제불전시 기유

欲以我身 示四眾者 彼佛分
욕이아신 시사중자 피불분

身諸佛 在於十方世界說法
신제불 재어시방세계설법

盡還集一處 然後 我身乃出
진 환 집 일 처 연 후 아 신 내 출

現耳 大樂說 我分身諸佛
현 이 대 요 설 아 분 신 제 불

在於十方世界 說法者 今應
재 어 시 방 세 계 설 법 자 금 응

當集 大樂說 白佛言 世尊
당 집 대 요 설 백 불 언 세 존

我等 亦願欲見 世尊分身諸
아 등 역 원 욕 견 세 존 분 신 제

佛 禮拜供養 爾時 佛放白
불 예 배 공 양 이 시 불 방 백

毫一光 卽見東方五百萬億
호 일 광 즉 견 동 방 오 백 만 억

那由他 恒河沙等 國土諸佛
나 유 타 항 하 사 등 국 토 제 불

彼諸國土 皆以玻瓈爲地 寶
피 제 국 토 개 이 파 려 위 지 보

樹寶衣 以爲莊嚴 無數千萬
수 보 의 이 위 장 엄 무 수 천 만

億菩薩 充滿其中 遍張寶幔
억 보 살　충 만 기 중　변 장 보 만

寶網羅上 彼國諸佛 以大妙
보 망 라 상　피 국 제 불　이 대 묘

音 而說諸法 及見無量 千
음　이 설 제 법　급 견 무 량　천

萬億菩薩 遍滿諸國 爲眾說
만 억 보 살　변 만 제 국　위 중 설

法 南西北方 四維上下 白
법　남 서 북 방　사 유 상 하　백

毫相光 所照之處 亦復如是
호 상 광　소 조 지 처　역 부 여 시

爾時 十方諸佛 各告眾菩薩
이 시　시 방 제 불　각 고 중 보 살

言 善男子 我今應往 娑婆
언　선 남 자　아 금 응 왕　사 바

世界 釋迦牟尼佛所 幷供養
세 계　석 가 모 니 불 소　병 공 양

多寶如來寶塔 時娑婆世界
다 보 여 래 보 탑　시 사 바 세 계

제11 견보탑품

卽變淸淨 琉璃爲地 寶樹莊
즉변청정 유리위지 보수장

嚴 黃金爲繩 以界八道 無
엄 황금위승 이계팔도 무

諸聚落 村營城邑 大海江河
제취락 촌영성읍 대해강하

山川林藪 燒大寶香 曼陀羅
산천임수 소대보향 만다라

華 遍布其地 以寶網幔 羅
화 변포기지 이보망만 나

覆其上 懸諸寶鈴 唯留此會
부기상 현제보령 유류차회

衆 移諸天人 置於他土 是
중 이제천인 치어타토 시

時諸佛 各將一大菩薩 以爲
시제불 각장일대보살 이위

侍者 至娑婆世界 各到寶樹
시자 지사바세계 각도보수

下 一一寶樹 高五百由旬
하 일일보수 고오백유순

枝葉華果 次第莊嚴 諸寶樹
지엽화과 차제장엄 제보수

下 皆有師子之座 高五由旬
하 개유사자지좌 고오유순

亦以大寶 而校飾之 爾時
역이대보 이교식지 이시

諸佛 各於此座 結跏趺坐
제불 각어차좌 결가부좌

如是展轉 遍滿三千大千世
여시전전 변만삼천대천세

界 而於釋迦牟尼佛 一方所
계 이어석가모니불 일방소

分之身 猶故未盡 時釋迦牟
분지신 유고미진 시석가모

尼佛 欲容受 所分身諸佛故
니불 욕용수 소분신제불고

八方各更變 二百萬億 那由
팔방각갱변 이백만억 나유

他國 皆令淸淨 無有地獄餓
타국 개령청정 무유지옥아

鬼畜生 及阿修羅 又移諸天
귀축생 급아수라 우이제천
人 置於他土 所化之國 亦
인 치어타토 소화지국 역
以琉璃爲地 寶樹莊嚴 樹高
이유리위지 보수장엄 수고
五百由旬 枝葉華果 次第嚴
오백유순 지엽화과 차제엄
飾 樹下皆有 寶師子座 高
식 수하개유 보사자좌 고
五由旬 種種諸寶 以爲莊校
오유순 종종제보 이위장교
亦無大海江河 及目眞隣陀
역무대해강하 급목진린타
山 摩訶目眞隣陀山 鐵圍山
산 마하목진린타산 철위산
大鐵圍山 須彌山等 諸山王
대철위산 수미산등 제산왕
通爲一佛國土 寶地平正 寶
통위일불국토 보지평정 보

交露幔 遍覆其上 懸諸幡蓋
교 로 만　변 부 기 상　현 제 번 개

燒大寶香 諸天寶華 遍布其
소 대 보 향　제 천 보 화　변 포 기

地 釋迦牟尼佛 爲諸佛 當
지　석 가 모 니 불　위 제 불　당

來坐故 復於八方 各更變
래 좌 고　부 어 팔 방　각 갱 변

二百萬億 那由他國 皆令清
이 백 만 억　나 유 타 국　개 령 청

淨 無有地獄餓鬼畜生 及阿
정　무 유 지 옥 아 귀 축 생　급 아

修羅 又移諸天人 置於他土
수 라　우 이 제 천 인　치 어 타 토

所化之國 亦以琉璃爲地 寶
소 화 지 국　역 이 유 리 위 지　보

樹莊嚴 樹高五百由旬 枝葉
수 장 엄　수 고 오 백 유 순　지 엽

華果 次第莊嚴 樹下皆有
화 과　차 제 장 엄　수 하 개 유

寶師子座 高五由旬 亦以大
보 사자좌 고오유순 역이대

寶 而校飾之 亦無大海江河
보   이교식지 역무대해강하

及目眞隣陀山 摩訶目眞隣
급목진린타산 마하목진린

陀山 鐵圍山 大鐵圍山 須
타산 철위산 대철위산 수

彌山等 諸山王 通爲一佛國
미산등 제산왕 통위일불국

土 寶地平正 寶交露幔 遍
토 보지평정 보교로만 변

覆其上 懸諸幡蓋 燒大寶
부기상 현제번개 소대보

香 諸天寶華 遍布其地 爾
향 제천보화 변포기지 이

時東方 釋迦牟尼佛所分之
시동방 석가모니불소분지

身 百千萬億 那由他 恒河
신 백천만억 나유타 항하

沙等 國土中諸佛 各各說法
사 등 국 토 중 제 불 각 각 설 법

來集於此 如是次第 十方諸
내 집 어 차 여 시 차 제 시 방 제

佛 皆悉來集 坐於八方 爾
불 개 실 래 집 좌 어 팔 방 이

時 一一方 四百萬億 那由
시 일 일 방 사 백 만 억 나 유

他國土 諸佛如來 遍滿其中
타 국 토 제 불 여 래 변 만 기 중

是時諸佛 各在寶樹下 坐師
시 시 제 불 각 재 보 수 하 좌 사

子座 皆遣侍者 問訊釋迦牟
자 좌 개 견 시 자 문 신 석 가 모

尼佛 各齎寶華滿掬 而告之
니 불 각 재 보 화 만 국 이 고 지

言 善男子 汝往詣耆闍崛山
언 선 남 자 여 왕 예 기 사 굴 산

釋迦牟尼佛所 如我辭曰 少
석 가 모 니 불 소 여 아 사 왈 소

病少惱 氣力安樂 及菩薩聲
병 소 뇌　기 력 안 락　급 보 살 성

聞衆 悉安隱不 以此寶華
문 중　실 안 은 부　이 차 보 화

散佛供養 而作是言 彼某甲
산 불 공 양　이 작 시 언　피 모 갑

佛 與欲開此寶塔 諸佛遣使
불　여 욕 개 차 보 탑　제 불 견 사

亦復如是 爾時 釋迦牟尼佛
역 부 여 시　이 시　석 가 모 니 불

見所分身佛 悉已來集 各各
견 소 분 신 불　실 이 래 집　각 각

坐於 師子之座 皆聞諸佛
좌 어　사 자 지 좌　개 문 제 불

與欲同開寶塔 卽從座起 住
여 욕 동 개 보 탑　즉 종 좌 기　주

虛空中 一切四衆 起立合掌
허 공 중　일 체 사 중　기 립 합 장

一心觀佛 於是 釋迦牟尼佛
일 심 관 불　어 시　석 가 모 니 불

以右指 開七寶塔戶 出大音
이 우 지　개 칠 보 탑 호　출 대 음

聲 如却關鑰 開大城門 卽
성　여 각 관 약　개 대 성 문　즉

時 一切衆會 皆見多寶如來
시　일 체 중 회　개 견 다 보 여 래

於寶塔中 坐師子座 全身不
어 보 탑 중　좌 사 자 좌　전 신 불

散 如入禪定 又聞其言 善
산　여 입 선 정　우 문 기 언　선

哉善哉 釋迦牟尼佛 快說是
재 선 재　석 가 모 니 불　쾌 설 시

法華經 我爲聽是經故 而來
법 화 경　아 위 청 시 경 고　이 래

至此 爾時 四衆等 見過去
지 차　이 시　사 중 등　견 과 거

無量 千萬億劫 滅度佛 說
무 량　천 만 억 겁　멸 도 불　설

如是言 歎未曾有 以天寶華
여 시 언　탄 미 증 유　이 천 보 화

제11 견보탑품

聚 散多寶佛 及釋迦牟尼佛
취 산다보불 급석가모니불

上 爾時 多寶佛 於寶塔中
상 이시 다보불 어보탑중

分半座 與釋迦牟尼佛 而作
분반좌 여석가모니불 이작

是言 釋迦牟尼佛 可就此座
시언 석가모니불 가취차좌

卽時 釋迦牟尼佛 入其塔中
즉시 석가모니불 입기탑중

坐其半座 結跏趺坐 爾時
좌기반좌 결가부좌 이시

大衆 見二如來 在七寶塔中
대중 견이여래 재칠보탑중

師子座上 結跏趺坐 各作是
사자좌상 결가부좌 각작시

念 佛座高遠 唯願如來 以
념 불좌고원 유원여래 이

神通力 令我等輩 俱處虛空
신통력 영아등배 구처허공

卽時 釋迦牟尼佛 以神通力
즉 시 석 가 모 니 불 이 신 통 력

接諸大衆 皆在虛空 以大音
접 제 대 중 개 재 허 공 이 대 음

聲 普告四衆 誰能於此 娑
성 보 고 사 중 수 능 어 차 사

婆國土 廣說妙法華經 今正
바 국 토 광 설 묘 법 화 경 금 정

是時 如來不久 當入涅槃
시 시 여 래 불 구 당 입 열 반

佛欲以此 妙法華經 付囑有
불 욕 이 차 묘 법 화 경 부 촉 유

在 爾時 世尊 欲重宣此義
재 이 시 세 존 욕 중 선 차 의

而說偈言
이 설 게 언

聖主世尊 雖久滅度
성 주 세 존 수 구 멸 도

在寶塔中 尙爲法來
재 보 탑 중 상 위 법 래

諸人云何	不勤爲法
제 인 운 하	불 근 위 법
此佛滅度	無央數劫
차 불 멸 도	무 앙 수 겁
處處聽法	以難遇故
처 처 청 법	이 난 우 고
彼佛本願	我滅度後
피 불 본 원	아 멸 도 후
在在所往	常爲聽法
재 재 소 왕	상 위 청 법
又我分身	無量諸佛
우 아 분 신	무 량 제 불
如恒沙等	來欲聽法
여 항 사 등	내 욕 청 법
及見滅度	多寶如來
급 견 멸 도	다 보 여 래
各捨妙土	及弟子衆
각 사 묘 토	급 제 자 중
天人龍神	諸供養事
천 인 용 신	제 공 양 사

令法久住 故來至此
영법구주 고래지차

爲坐諸佛 以神通力
위좌제불 이신통력

移無量衆 令國淸淨
이무량중 영국청정

諸佛各各 詣寶樹下
제불각각 예보수하

如淸淨池 蓮華莊嚴
여청정지 연화장엄

其寶樹下 諸師子座
기보수하 제사자좌

佛坐其上 光明嚴飾
불좌기상 광명엄식

如夜闇中 燃大炬火
여야암중 연대거화

身出妙香 遍十方國
신출묘향 변시방국

衆生蒙薰 喜不自勝
중생몽훈 희부자승

譬如大風 吹小樹枝
비 여 대 풍　취 소 수 지

以是方便 令法久住
이 시 방 편　영 법 구 주

告諸大衆 我滅度後
고 제 대 중　아 멸 도 후

誰能護持 讀說斯經
수 능 호 지　독 설 사 경

今於佛前 自說誓言
금 어 불 전　자 설 서 언

其多寶佛 雖久滅度
기 다 보 불　수 구 멸 도

以大誓願 而師子吼
이 대 서 원　이 사 자 후

多寶如來 及與我身
다 보 여 래　급 여 아 신

所集化佛 當知此意
소 집 화 불　당 지 차 의

諸佛子等 誰能護法
제 불 자 등　수 능 호 법

當發大願 令得久住
당 발 대 원　영 득 구 주

其有能護 此經法者
기 유 능 호　차 경 법 자

則爲供養 我及多寶
즉 위 공 양　아 급 다 보

此多寶佛 處於寶塔
차 다 보 불　처 어 보 탑

常遊十方 爲是經故
상 유 시 방　위 시 경 고

亦復供養 諸來化佛
역 부 공 양　제 래 화 불

莊嚴光飾 諸世界者
장 엄 광 식　제 세 계 자

若說此經 則爲見我
약 설 차 경　즉 위 견 아

多寶如來 及諸化佛
다 보 여 래　급 제 화 불

諸善男子 各諦思惟
제 선 남 자　각 제 사 유

此爲難事	宜發大願
차 위 난 사	의 발 대 원
諸餘經典	數如恒沙
제 여 경 전	수 여 항 사
雖說此等	未足爲難
수 설 차 등	미 족 위 난
若接須彌	擲置他方
약 접 수 미	척 치 타 방
無數佛土	亦未爲難
무 수 불 토	역 미 위 난
若以足指	動大千界
약 이 족 지	동 대 천 계
遠擲他國	亦未爲難
원 척 타 국	역 미 위 난
若立有頂	爲衆演說
약 립 유 정	위 중 연 설
無量餘經	亦未爲難
무 량 여 경	역 미 위 난
若佛滅後	於惡世中
약 불 멸 후	어 악 세 중

能說此經 是則爲難
능 설 차 경 시 즉 위 난

假使有人 手把虛空
가 사 유 인 수 파 허 공

而以遊行 亦未爲難
이 이 유 행 역 미 위 난

於我滅後 若自書持
어 아 멸 후 약 자 서 지

若使人書 是則爲難
약 사 인 서 시 즉 위 난

若以大地 置足甲上
약 이 대 지 치 족 갑 상

昇於梵天 亦未爲難
승 어 범 천 역 미 위 난

佛滅度後 於惡世中
불 멸 도 후 어 악 세 중

暫讀此經 是則爲難
잠 독 차 경 시 즉 위 난

假使劫燒 擔負乾草
가 사 겁 소 담 부 건 초

入中不燒 亦未爲難
입 중 불 소 역 미 위 난

我滅度後 若持此經
아 멸 도 후 약 지 차 경

爲一人說 是則爲難
위 일 인 설 시 즉 위 난

若持八萬 四千法藏
약 지 팔 만 사 천 법 장

十二部經 爲人演說
십 이 부 경 위 인 연 설

令諸聽者 得六神通
영 제 청 자 득 육 신 통

雖能如是 亦未爲難
수 능 여 시 역 미 위 난

於我滅後 聽受此經
어 아 멸 후 청 수 차 경

問其義趣 是則爲難
문 기 의 취 시 즉 위 난

若人說法 令千萬億
약 인 설 법 영 천 만 억

無量無數 恒沙衆生
무 량 무 수　항 사 중 생

得阿羅漢 具六神通
득 아 라 한　구 육 신 통

雖有是益 亦未爲難
수 유 시 익　역 미 위 난

於我滅後 若能奉持
어 아 멸 후　약 능 봉 지

如斯經典 是則爲難
여 사 경 전　시 즉 위 난

我爲佛道 於無量土
아 위 불 도　어 무 량 토

從始至今 廣說諸經
종 시 지 금　광 설 제 경

而於其中 此經第一
이 어 기 중　차 경 제 일

若有能持 則持佛身
약 유 능 지　즉 지 불 신

諸善男子 於我滅後
제 선 남 자　어 아 멸 후

誰能受持 讀誦此經
수 능 수 지 독 송 차 경

今於佛前 自說誓言
금 어 불 전 자 설 서 언

此經難持 若暫持者
차 경 난 지 약 잠 지 자

我則歡喜 諸佛亦然
아 즉 환 희 제 불 역 연

如是之人 諸佛所歎
여 시 지 인 제 불 소 탄

是則勇猛 是則精進
시 즉 용 맹 시 즉 정 진

是名持戒 行頭陀者
시 명 지 계 행 두 타 자

則爲疾得 無上佛道
즉 위 질 득 무 상 불 도

能於來世 讀持此經
능 어 내 세 독 지 차 경

是眞佛子 住淳善地
시 진 불 자 주 순 선 지

佛滅度後 能解其義
불 멸 도 후 　 능 해 기 의

是諸天人 世間之眼
시 제 천 인 　 세 간 지 안

於恐畏世 能須臾說
어 공 외 세 　 능 수 유 설

一切天人 皆應供養
일 체 천 인 　 개 응 공 양

提婆達多品 第十二
제 바 달 다 품 제 십 이

爾時 佛告諸菩薩 及天人四
이 시 불 고 제 보 살 급 천 인 사

衆 吾於過去 無量劫中 求
중 오 어 과 거 무 량 겁 중 구

法華經 無有懈惓 於多劫中
법 화 경 무 유 해 권 어 다 겁 중

常作國王 發願求於無上菩
상 작 국 왕 발 원 구 어 무 상 보

提 心不退轉 爲欲滿足 六
리 심 불 퇴 전 위 욕 만 족 육

波羅蜜 勤行布施 心無悋惜
바 라 밀 근 행 보 시 심 무 린 석

象馬七珍 國城妻子 奴婢僕
상 마 칠 진 국 성 처 자 노 비 복

從 頭目髓腦 身肉手足 不
종 두목수뇌 신육수족 불

惜軀命 時世人民 壽命無量
석구명 시세인민 수명무량

爲於法故 捐捨國位 委政太
위어법고 연사국위 위정태

子 擊鼓宣令 四方求法 誰
자 격고선령 사방구법 수

能爲我 說大乘者 吾當終身
능위아 설대승자 오당종신

供給走使 時有仙人 來白
공급주사 시유선인 내백

王言 我有大乘 名妙法華經
왕언 아유대승 명묘법화경

若不違我 當爲宣說 王聞仙
약불위아 당위선설 왕문선

言 歡喜踊躍 卽隨仙人 供
언 환희용약 즉수선인 공

給所須 採果汲水 拾薪設食
급소수 채과급수 습신설식

乃至以身 而爲床座 身心無
내 지 이 신　이 위 상 좌　신 심 무

惓 于時奉事 經於千歲 爲
권　우 시 봉 사　경 어 천 세　위

於法故 精勤給侍 令無所乏
어 법 고　정 근 급 시　영 무 소 핍

爾時 世尊 欲重宣此義 而
이 시　세 존　욕 중 선 차 의　이

說偈言
설 게 언

我念過去劫 爲求大法故
아 념 과 거 겁　위 구 대 법 고

雖作世國王 不貪五欲樂
수 작 세 국 왕　불 탐 오 욕 락

搥鍾告四方 誰有大法者
추 종 고 사 방　수 유 대 법 자

若爲我解說 身當爲奴僕
약 위 아 해 설　신 당 위 노 복

時有阿私仙 來白於大王
시 유 아 사 선　내 백 어 대 왕

我有微妙法 世間所希有
아유미묘법 세간소희유

若能修行者 吾當爲汝說
약능수행자 오당위여설

時王聞仙言 心生大喜悅
시왕문선언 심생대희열

卽便隨仙人 供給於所須
즉변수선인 공급어소수

採薪及果蓏 隨時恭敬與
채신급과라 수시공경여

情存妙法故 身心無懈惓
정존묘법고 신심무해권

普爲諸衆生 勤求於大法
보위제중생 근구어대법

亦不爲己身 及以五欲樂
역불위기신 급이오욕락

故爲大國王 勤求獲此法
고위대국왕 근구획차법

遂致得成佛 今故爲汝說
수치득성불 금고위여설

佛告諸比丘 爾時 王者 則
불 고 제 비 구 이 시 왕 자 즉

我身是 時仙人者 今提婆達
아 신 시 시 선 인 자 금 제 바 달

多是 由提婆達多 善知識故
다 시 유 제 바 달 다 선 지 식 고

令我具足 六波羅蜜 慈悲喜
영 아 구 족 육 바 라 밀 자 비 희

捨 三十二相 八十種好 紫
사 삼 십 이 상 팔 십 종 호 자

磨金色 十力 四無所畏 四
마 금 색 십 력 사 무 소 외 사

攝法 十八不共 神通道力
섭 법 십 팔 불 공 신 통 도 력

成等正覺 廣度衆生 皆因提
성 등 정 각 광 도 중 생 개 인 제

婆達多 善知識故 告諸四衆
바 달 다 선 지 식 고 고 제 사 중

提婆達多 却後 過無量劫
제 바 달 다 각 후 과 무 량 겁

當得成佛 號曰天王如來 應
당득성불 호왈천왕여래 응

供 正遍知 明行足 善逝 世
공 정변지 명행족 선서 세

間解 無上士 調御丈夫 天
간해 무상사 조어장부 천

人師 佛世尊 世界名天道
인사 불세존 세계명천도

時天王佛 住世二十中劫 廣
시천왕불 주세이십중겁 광

爲衆生 說於妙法 恒河沙衆
위중생 설어묘법 항하사중

生 得阿羅漢果 無量衆生
생 득아라한과 무량중생

發緣覺心 恒河沙衆生 發無
발연각심 항하사중생 발무

上道心 得無生忍 至不退轉
상도심 득무생인 지불퇴전

時天王佛 般涅槃後 正法住
시천왕불 반열반후 정법주

世 二十 中劫 全身舍利 起
세 이십 중 겁 전 신 사 리 기
七寶塔 高六十由旬 縱廣
칠 보 탑 고 육 십 유 순 종 광
四十由旬 諸天人民 悉以雜
사 십 유 순 제 천 인 민 실 이 잡
華 抹香燒香塗香 衣服瓔珞
화 말 향 소 향 도 향 의 복 영 락
幢幡寶蓋 伎樂歌頌 禮拜供
당 번 보 개 기 악 가 송 예 배 공
養 七寶妙塔 無量衆生 得
양 칠 보 묘 탑 무 량 중 생 득
阿羅漢果 無量衆生 悟辟支
아 라 한 과 무 량 중 생 오 벽 지
佛 不可思議衆生 發菩提心
불 불 가 사 의 중 생 발 보 리 심
至不退轉 佛告諸比丘 未來
지 불 퇴 전 불 고 제 비 구 미 래
世中 若有善男子善女人 聞
세 중 약 유 선 남 자 선 여 인 문

妙法華經 提婆達多品 淨心
묘법화경 제바달다품 정심

信敬 不生疑惑者 不墮地獄
신경 불생의혹자 불타지옥

餓鬼畜生 生十方佛前 所生
아귀축생 생시방불전 소생

之處 常聞此經 若生人天中
지처 상문차경 약생인천중

受勝妙樂 若在佛前 蓮華化
수승묘락 약재불전 연화화

生 於時下方 多寶世尊 所
생 어시하방 다보세존 소

從菩薩 名曰智積 白多寶佛
종보살 명왈지적 백다보불

當還本土 釋迦牟尼佛 告智
당환본토 석가모니불 고지

積曰 善男子 且待須臾 此
적왈 선남자 차대수유 차

有菩薩 名文殊師利 可與相
유보살 명문수사리 가여상

見論說妙法　可還本土　爾
견 논설묘법　가환본토　이

時　文殊師利　坐千葉蓮華
시　문수사리　좌천엽연화

大如車輪　俱來菩薩　亦坐寶
대여거륜　구래보살　역좌보

蓮華　從於大海　娑竭羅龍宮
련화　종어대해　사갈라용궁

自然涌出　住虛空中　詣靈鷲
자연용출　주허공중　예영취

山　從蓮華下　至於佛所　頭
산　종연화하　지어불소　두

面敬禮　二世尊足　修敬已畢
면경례　이세존족　수경이필

往智積所　共相慰問　却坐一
왕지적소　공상위문　각좌일

面　智積菩薩　問文殊師利
면　지적보살　문문수사리

仁往龍宮　所化衆生　其數幾
인왕용궁　소화중생　기수기

何 文殊師利言 其數無量
하 문수사리언 기수무량

不可稱計 非口所宣 非心所
불가칭계 비구소선 비심소

測 且待須臾 自當有證 所
측 차대수유 자당유증 소

言未竟 無數菩薩 坐寶蓮華
언미경 무수보살 좌보련화

從海涌出 詣靈鷲山 住在虛
종해용출 예영취산 주재허

空 此諸菩薩 皆是文殊師利
공 차제보살 개시문수사리

之所化度 具菩薩行 皆共論
지소화도 구보살행 개공논

說 六波羅蜜 本聲聞人 在
설 육바라밀 본성문인 재

虛空中 說聲聞行 今皆修行
허공중 설성문행 금개수행

大乘空義 文殊師利 謂智積
대승공의 문수사리 위지적

曰 於海敎化 其事如是 爾
왈 어해교화 기사여시 이

時 智積菩薩 以偈讚曰
시 지적보살 이게찬왈

大智德勇健 化度無量衆
대지덕용건 화도무량중

今此諸大會 及我皆已見
금차제대회 급아개이견

演暢實相義 開闡一乘法
연창실상의 개천일승법

廣導諸衆生 令速成菩提
광도제중생 영속성보리

文殊師利言 我於海中 唯常
문수사리언 아어해중 유상

宣說 妙法華經 智積 問文
선설 묘법화경 지적 문문

殊師利言 此經 甚深微妙
수사리언 차경 심심미묘

諸經中寶 世所希有 頗有衆
제경중보 세소희유 파유중

生 勤加精進 修行此經 速
생 근가정진 수행차경 속

得佛不 文殊師利言 有娑竭
득불부 문수사리언 유사갈

羅龍王女 年始八歲 智慧利
라용왕녀 연시팔세 지혜이

根 善知衆生 諸根行業 得
근 선지중생 제근행업 득

陀羅尼 諸佛所說 甚深秘藏
다라니 제불소설 심심비장

悉能受持 深入禪定 了達諸
실능수지 심입선정 요달제

法 於刹那頃 發菩提心 得
법 어찰나경 발보리심 득

不退轉 辯才無礙 慈念衆生
불퇴전 변재무애 자념중생

猶如赤子 功德具足 心念口
유여적자 공덕구족 심념구

演 微妙廣大 慈悲仁讓 志
연 미묘광대 자비인양 지

意和雅 能至菩提 智積菩薩
의 화아 능지보리 지적보살

言 我見釋迦如來 於無量劫
언 아견석가여래 어무량겁

難行苦行 積功累德 求菩提
난행고행 적공누덕 구보리

道 未曾止息 觀三千大千世
도 미증지식 관삼천대천세

界 乃至無有 如芥子許 非
계 내지무유 여개자허 비

是菩薩 捨身命處 爲眾生故
시보살 사신명처 위중생고

然後 乃得成菩提道 不信此
연후 내득성보리도 불신차

女 於須臾頃 便成正覺 言
녀 어수유경 변성정각 언

論未訖 時龍王女 忽現於前
론미흘 시용왕녀 홀현어전

頭面禮敬 却住一面 以偈讚
두면예경 각주일면 이게찬

曰
왈

深達罪福相　遍照於十方
심 달 죄 복 상　변 조 어 시 방

微妙淨法身　具相三十二
미 묘 정 법 신　구 상 삼 십 이

以八十種好　用莊嚴法身
이 팔 십 종 호　용 장 엄 법 신

天人所戴仰　龍神咸恭敬
천 인 소 대 앙　용 신 함 공 경

一切眾生類　無不宗奉者
일 체 중 생 류　무 불 종 봉 자

又聞成菩提　唯佛當證知
우 문 성 보 리　유 불 당 증 지

我闡大乘教　度脫苦眾生
아 천 대 승 교　도 탈 고 중 생

時舍利弗　語龍女言　汝謂不
시 사 리 불　어 용 녀 언　여 위 불

久　得無上道　是事難信　所
구　득 무 상 도　시 사 난 신　소

以者何 女身垢穢 非是法器
이 자 하 여 신 구 예 비 시 법 기

云何能得 無上菩提 佛道懸
운 하 능 득 무 상 보 리 불 도 현

曠 經無量劫 勤苦積行 具
광 경 무 량 겁 근 고 적 행 구

修諸度 然後乃成 又女人身
수 제 도 연 후 내 성 우 여 인 신

猶有五障 一者不得作梵天
유 유 오 장 일 자 부 득 작 범 천

王 二者帝釋 三者魔王 四
왕 이 자 제 석 삼 자 마 왕 사

者轉輪聖王 五者佛身 云何
자 전 륜 성 왕 오 자 불 신 운 하

女身 速得成佛 爾時 龍女
여 신 속 득 성 불 이 시 용 녀

有一寶珠 價直三千大千世
유 일 보 주 가 치 삼 천 대 천 세

界 持以上佛 佛卽受之 龍
계 지 이 상 불 불 즉 수 지 용

女	謂	智	積	菩	薩	尊	者	舍	利	弗
녀	위	지	적	보	살	존	자	사	리	불

言	我	獻	寶	珠	世	尊	納	受	是
언	아	헌	보	주	세	존	납	수	시

事	疾	不	答	言	甚	疾	女	言	以
사	질	부	답	언	심	질	여	언	이

汝	神	力	觀	我	成	佛	復	速	於	此
여	신	력	관	아	성	불	부	속	어	차

當	時	衆	會	皆	見	龍	女	忽	然	之
당	시	중	회	개	견	용	녀	홀	연	지

間	變	成	男	子	具	菩	薩	行	卽
간	변	성	남	자	구	보	살	행	즉

往	南	方	無	垢	世	界	坐	寶	蓮	華
왕	남	방	무	구	세	계	좌	보	련	화

成	等	正	覺	三	十	二	相	八	十	種
성	등	정	각	삼	십	이	상	팔	십	종

好	普	爲	十	方	一	切	衆	生	演
호	보	위	시	방	일	체	중	생	연

說	妙	法	爾	時	娑	婆	世	界	菩
설	묘	법	이	시	사	바	세	계	보

薩聲聞 天龍八部 人與非人
살 성문 천룡팔부 인여비인

皆遙見彼 龍女成佛 普爲時
개 요견피 용녀성불 보위시

會 人天說法 心大歡喜 悉
회 인천설법 심대환희 실

遙敬禮 無量衆生 聞法解悟
요경례 무량중생 문법해오

得不退轉 無量衆生 得受道
득불퇴전 무량중생 득수도

記 無垢世界 六反震動 娑
기 무구세계 육반진동 사

婆世界 三千衆生 住不退地
바세계 삼천중생 주불퇴지

三千衆生 發菩提心 而得受
삼천중생 발보리심 이득수

記 智積菩薩 及舍利弗 一
기 지적보살 급사리불 일

切衆會 默然信受
체중회 묵연신수

勸持品 第十三
권지품 제십삼

爾時 藥王菩薩摩訶薩 及大樂說菩薩摩訶薩 與二萬菩薩眷屬俱 皆於佛前 作是誓言 唯願世尊 不以爲慮 我等 於佛滅後 當奉持讀誦 說此經典 後惡世衆生 善根轉少 多增上慢 貪利供養

이시 약왕보살마하살 급대요설보살마하살 여이만보살권속구 개어불전 작시서언 유원세존 불이위려 아등 어불멸후 당봉지독송 설차경전 후악세중생 선근전소 다증상만 탐리공양

增不善根 遠離解脫 雖難可
증불선근 원리해탈 수난가

教化 我等 當起大忍力 讀
교화 아등 당기대인력 독

誦此經 持說書寫 種種供養
송차경 지설서사 종종공양

不惜身命 爾時 衆中 五百
불석신명 이시 중중 오백

阿羅漢 得受記者 白佛言
아라한 득수기자 백불언

世尊 我等 亦自誓願 於異
세존 아등 역자서원 어이

國土 廣說此經 復有學無學
국토 광설차경 부유학무학

八千人 得受記者 從座而
팔천인 득수기자 종좌이

起 合掌向佛 作是誓言 世
기 합장향불 작시서언 세

尊 我等 亦當於他國土 廣
존 아등 역당어타국토 광

說此經 所以者何 是娑婆國
설 차 경　소 이 자 하　시 사 바 국

中 人多弊惡 懷增上慢 功
중　인 다 폐 악　회 증 상 만　공

德淺薄 瞋濁諂曲 心不實故
덕 천 박　진 탁 첨 곡　심 부 실 고

爾時 佛姨母 摩訶波闍波
이 시　불 이 모　마 하 파 사 파

提比丘尼 與學無學比丘尼
제 비 구 니　여 학 무 학 비 구 니

六千人俱 從座而起 一心合
육 천 인 구　종 좌 이 기　일 심 합

掌 瞻仰尊顔 目不暫捨 於
장　첨 앙 존 안　목 부 잠 사　어

時世尊 告憍曇彌 何故憂色
시 세 존　고 교 담 미　하 고 우 색

而視如來 汝心將無謂我 不
이 시 여 래　여 심 장 무 위 아　불

說汝名 授阿耨多羅三藐三
설 여 명　수 아 뇩 다 라 삼 먁 삼

菩提記耶 憍曇彌 我先總說
보리기야 교담미 아선총설

一切聲聞 皆已授記 今汝欲
일체성문 개이수기 금여욕

知記者 將來之世 當於六萬
지기자 장래지세 당어육만

八千億 諸佛法中 爲大法師
팔천억 제불법중 위대법사

及六千 學無學比丘尼 俱爲
급육천 학무학비구니 구위

法師 汝如是漸漸 具菩薩
법사 여여시점점 구보살

道 當得作佛 號一切衆生喜
도 당득작불 호일체중생희

見如來 應供 正遍知 明行
견여래 응공 정변지 명행

足 善逝 世間解 無上士 調
족 선서 세간해 무상사 조

御丈夫 天人師 佛世尊 憍
어장부 천인사 불세존 교

曇彌 是一切衆生喜見佛 及
담 미 시 일 체 중 생 희 견 불 급

六千菩薩 轉次授記 得阿耨
육 천 보 살 전 차 수 기 득 아 녹

多羅三藐三菩提 爾時 羅睺
다 라 삼 먁 삼 보 리 이 시 라 후

羅母 耶輸陀羅比丘尼 作是
라 모 야 수 다 라 비 구 니 작 시

念 世尊 於授記中 獨不說
념 세 존 어 수 기 중 독 불 설

我名 佛告耶輸陀羅 汝於來
아 명 불 고 야 수 다 라 여 어 내

世 百千萬億 諸佛法中 修
세 백 천 만 억 제 불 법 중 수

菩薩行 爲大法師 漸具佛道
보 살 행 위 대 법 사 점 구 불 도

於善國中 當得作佛 號具足
어 선 국 중 당 득 작 불 호 구 족

千萬光相如來 應供 正遍知
천 만 광 상 여 래 응 공 정 변 지

明行足 善逝 世間解 無上
명 행 족　선 서　세 간 해　무 상

士 調御丈夫 天人師 佛世
사　조 어 장 부　천 인 사　불 세

尊 佛壽無量阿僧祇劫 爾
존　불 수 무 량 아 승 기 겁　이

時 摩訶波闍波提比丘尼 及
시　마 하 파 사 파 제 비 구 니　급

耶輸陀羅比丘尼 幷其眷屬
야 수 다 라 비 구 니　병 기 권 속

皆大歡喜 得未曾有 即於佛
개 대 환 희　득 미 증 유　즉 어 불

前 而說偈言
전　이 설 게 언

世尊導師 安隱天人
세 존 도 사　안 은 천 인

我等聞記 心安具足
아 등 문 기　심 안 구 족

諸比丘尼 說是偈已 白佛
제 비 구 니　설 시 게 이　백 불

| 言 世尊我等 亦能於他方國
| 언 세존아등 역능어타방국
| 土 廣宣此經 爾時 世尊 視
| 토 광선차경 이시세존 시
| 八十萬億 那由他 諸菩薩摩
| 팔십만억 나유타 제보살마
| 訶薩 是諸菩薩 皆是阿惟越
| 하살 시제보살 개시아유월
| 致 轉不退法輪 得諸陀羅尼
| 치 전불퇴법륜 득제다라니
| 卽從座起 至於佛前 一心合
| 즉종좌기 지어불전 일심합
| 掌 而作是念 若世尊告勅
| 장 이작시념 약세존 고칙
| 我等 持說此經者 當如佛敎
| 아등 지설차경자 당여불교
| 廣宣斯法 復作是念 佛今默
| 광선사법 부작시념 불금묵
| 然 不見告勅 我當云何 時
| 연 불견고칙 아당운하 시

諸菩薩 敬順佛意 幷欲自滿
제 보 살 경 순 불 의 병 욕 자 만

本願 便於佛前 作師子吼
본 원 변 어 불 전 작 사 자 후

而發誓言 世尊 我等 於如
이 발 서 언 세 존 아 등 어 여

來滅後 周旋往返 十方世界
래 멸 후 주 선 왕 반 시 방 세 계

能令衆生 書寫此經 受持讀
능 령 중 생 서 사 차 경 수 지 독

誦 解說其義 如法修行 正
송 해 설 기 의 여 법 수 행 정

憶念 皆是佛之威力 唯願世
억 념 개 시 불 지 위 력 유 원 세

尊 在於他方 遙見守護 即
존 재 어 타 방 요 견 수 호 즉

時諸菩薩 俱同發聲 而說偈
시 제 보 살 구 동 발 성 이 설 게

言
언

唯願不爲慮	於佛滅度後
유 원 불 위 려	어 불 멸 도 후
恐怖惡世中	我等當廣說
공 포 악 세 중	아 등 당 광 설
有諸無智人	惡口罵詈等
유 제 무 지 인	악 구 매 리 등
及加刀杖者	我等皆當忍
급 가 도 장 자	아 등 개 당 인
惡世中比丘	邪智心諂曲
악 세 중 비 구	사 지 심 첨 곡
未得謂爲得	我慢心充滿
미 득 위 위 득	아 만 심 충 만
或有阿練若	納衣在空閑
혹 유 아 련 야	납 의 재 공 한
自謂行眞道	輕賤人間者
자 위 행 진 도	경 천 인 간 자
貪著利養故	與白衣說法
탐 착 이 양 고	여 백 의 설 법
爲世所恭敬	如六通羅漢
위 세 소 공 경	여 육 통 나 한

是人懷惡心 常念世俗事
시 인 회 악 심　상 념 세 속 사

假名阿練若 好出我等過
가 명 아 련 야　호 출 아 등 과

而作如是言 此諸比丘等
이 작 여 시 언　차 제 비 구 등

爲貪利養故 說外道論議
위 탐 이 양 고　설 외 도 논 의

自作此經典 誑惑世間人
자 작 차 경 전　광 혹 세 간 인

爲求名聞故 分別於是經
위 구 명 문 고　분 별 어 시 경

常在大衆中 欲毀我等故
상 재 대 중 중　욕 훼 아 등 고

向國王大臣 婆羅門居士
향 국 왕 대 신　바 라 문 거 사

及餘比丘衆 誹謗說我惡
급 여 비 구 중　비 방 설 아 악

謂是邪見人 說外道論議
위 시 사 견 인　설 외 도 논 의

我等敬佛故　悉忍是諸惡
아 등 경 불 고　실 인 시 제 악

爲斯所輕言　汝等皆是佛
위 사 소 경 언　여 등 개 시 불

如此輕慢言　皆當忍受之
여 차 경 만 언　개 당 인 수 지

濁劫惡世中　多有諸恐怖
탁 겁 악 세 중　다 유 제 공 포

惡鬼入其身　罵詈毀辱我
악 귀 입 기 신　매 리 훼 욕 아

我等敬信佛　當著忍辱鎧
아 등 경 신 불　당 착 인 욕 개

爲說是經故　忍此諸難事
위 설 시 경 고　인 차 제 난 사

我不愛身命　但惜無上道
아 불 애 신 명　단 석 무 상 도

我等於來世　護持佛所囑
아 등 어 내 세　호 지 불 소 촉

世尊自當知　濁世惡比丘
세 존 자 당 지　탁 세 악 비 구

不知佛方便　隨宜所說法
부 지 불 방 편　수 의 소 설 법

惡口而顰蹙　數數見擯出
악 구 이 빈 축　삭 삭 견 빈 출

遠離於塔寺　如是等衆惡
원 리 어 탑 사　여 시 등 중 악

念佛告勅故　皆當忍是事
염 불 고 칙 고　개 당 인 시 사

諸聚落城邑　其有求法者
제 취 락 성 읍　기 유 구 법 자

我皆到其所　說佛所囑法
아 개 도 기 소　설 불 소 촉 법

我是世尊使　處衆無所畏
아 시 세 존 사　처 중 무 소 외

我當善說法　願佛安隱住
아 당 선 설 법　원 불 안 은 주

我於世尊前　諸來十方佛
아 어 세 존 전　제 래 시 방 불

發如是誓言　佛自知我心
발 여 시 서 언　불 자 지 아 심

사경 끝난 날 : 불기   년   월   일

_____ 두손 모음

한문 법화경 사경 4

발행일 2024년 7월 18일
펴낸이 김시열
펴낸곳 도서출판 운주사

(02832) 서울시 성북구 동소문로 67-1 성심빌딩 3층
전화 (02) 926-8361 | 팩스 (0505) 115-8361
ISBN 978-89-5746-798-5 03220   값 6,000원
http://cafe.daum.net/unjubooks (다음 카페: 도서출판 운주사)